법륜·여덟

자비관

아아짜리야 붓다락키따 지음 ㅣ 강대자행 옮김

고요한소리

Mettā
- The Philosophy and Practice of
Universal Love

Ācariya Buddharakkhita

The Wheel Publication No. 365/366
Buddhist Publication Society
Kandy, Sri Lanka

일러두기

* 이 책에 나오는 경經의 출전은 영국 빠알리성전협회PTS에서 간행한 로마자 본
  빠알리 경임.
* 로마자 빠알리어와 영문 책 제목은 이탤릭체로 표기함.
* 본문의 주는 모두 역주譯註임.

차 례

들어가는 말

  빠알리어*Pāli* 멧따*mettā*는 자애·우정·선의·인정·동료애·
우호·화합·악의 없음·비폭력 등 다양한 의미를 지닌 용어
이다. 빠알리 주석가들은 멧따를 '남들의 이익과 행복을
간절히 바라는 태도*parahita-parasukha-kāmanā*'라 정의한
다. 본질적으로 멧따는 사랑과 우정이 넘치는 이타적 태
도이며 이런 점에서 이기주의에 바탕을 둔 단순한 우호성
과는 엄연히 구별된다. 멧따로 인해 사람들은 공격적이기
를 거부하고 여러 가지의 신랄함과 원한과 증오심을 버리
게 되며 대신 남들의 안녕과 행복을 추구하는 우정과 친
절미와 인정이 넘치는 마음을 키우게 된다. 참다운 멧따
에는 이기심이 끼어들 여지가 없다. 그것은 또한 마음속
에 따뜻한 동료애와 동정심 그리고 사랑의 감정을 불러일
으키며, 그 같은 감정은 수행을 거듭함에 따라 끝없이 확
대되어 모든 사회적·종교적·인종적·정치적·경제적 장벽을

무너뜨리게 된다. 멧따는 참으로 보편적이고 비이기적이며 일체를 포용하는 사랑이다.

멧따의 수행이야말로 많은 사람들에게 안녕과 안전을 축복해주는 감로의 샘이다. 어머니가 자식을 보호하기 위해서는 자신의 목숨마저 버리듯이 멧따 역시 주기만 할 뿐 어떤 보답도 바라지 않는다. 자기의 이익을 채우려는 태도는 인간의 원초적인 본성이다. 이 본성이 타인의 이익과 행복을 늘려주려는 소망으로 승화될 때, 자기 본위의 근원적 충동이 극복될 수 있을 뿐 아니라 자기의 이익을 전체의 이익과 동일시하게 됨으로써 그 마음은 보편적이 된다. 아울러 이러한 변화를 이룸으로써 수행자는 자신의 안녕을 가장 확실한 방법으로 증진시키게 되는 것이다.

멧따는 자식을 위해 온갖 고난을 감내하는 어머니의 그 한없이 인내하는 마음이며, 자식이 아무리 나쁜 짓을 저질러도 탓하지 않는 어머니의 그 끝없이 보호해주는 태도이다. 또한 벗의 행복을 위해서 최선을 다하려는 친구의 그 마음가짐이다. 이 같은 멧따의 특성들을 자비 수행*mettā-bhāvanā*, 즉 보편적 사랑에 대한 명상을 통해 충분히 갈고 닦는다면 그 사람은 자신과 남들을 모두 지켜내고 보호해주고 치유할 수 있는 엄청난 내면적 힘을 반드시 얻게 된다.

더욱 심오한 뜻은 뒤로 하더라도 멧따는 당장 우리가 이 시대를 살아가기 위해 반드시 실천하지 않으면 안 될 필수적 덕목이다. 온갖 파괴적 성향에 직면하고 있는 지금 같은 세상에서 아마도 유일하게 화합과 평화와 상호이해를 가져올 수 있는 건설적인 수단이 있다면, 그것은 바로 몸과 입과 마음으로 행하는 멧따일 것이다. 멧따야말로 모든 고등 종교의 근본교리를 이룰 뿐 아니라 인류의 복리를 증진시키려는 모든 인정 어린 행위의 기본 원리를 이루는 최고의 가치이기 때문이다.

이 작은 책은 이론과 실천 양면에서 멧따의 여러 측면을 탐구해보려는 목적을 가지고 있다. 멧따의 교리적, 윤리적 측면은 부처님의 '보편적 사랑의 찬가'인 〈까라니이야 멧따 경Karaṇīya Mettā Sutta)[1]의 연구를 통해 전개될 것이며, 이 주제와 관련하여 멧따(앞으로는 자비 또는 자애로 옮김 - 옮긴이)를 다루고 있는 다른 간단한 경구經句들도 살펴보게 된다. 보편적 사랑에 대한 명상, 즉 자비의 수행에 대한 설명은 상좌부上座部 Theravāda 전통의 주된 명상교재인 《청정도론》[2] 《해탈도론》[3] 《무애해도》[4] 의 설명을 그

---

1 〈까라니이야 멧따 경〉: 원래의 이 경 이름은 〈Mettā Sutta〉인데 남방에서는 일반적으로 경의 첫말인 Karaṇīya(마땅히 해야 하는)를 취해 그렇게 부른다. 여기서는 '필수必修 자비경'으로 옮긴다. 원문은 《숫따니빠아따》 게송 143~152.

2 《청정도론Visuddhimagga》: 오늘날 남방불교의 준거가 되는 백과사전적 교리서. 5세기 경 인도 바라문 출신 붓다고사 스님이 스리랑카에 건너가서 그곳에 전승되어 오던 자료들을 집대성하여 편찬했음. 저자는 상좌부 역사상 가장 걸출했던 논사論師로 삼장에 대한 주석서 등 광대한 저술을 남겼다.

3 《해탈도론Vimuttimagga》: 《청정도론》의 토대가 되었던 논서. 1세기 경 스리랑카의 고승에 의해 저술된 것으로 추측되고 있다. 빠알리어 원본은 일실逸失되고 6세기에 이루어진 한역본만이 전해져오던 것을 일본의 에하라 스님과 스리랑카의 소마 스님, 케민다 스님이 공동으로 영역함으로써 남방에 다시 유포되게 되었다.

4 《무애해도Paṭisambhidāmagga》: 빠알리 삼장의 경장 《소부》에 드는 경. 경장에 들어 있긴 하나 논서적인 성격이 매우 짙은 경인데 《해탈도론》과 《청정도론》에 많이 인용되는 등 현재 남방불교 전통에 크게 영향을 미치는 위치를 점하고 있다.

대로 따랐으므로 자비관을 닦는 데 실질적 지침이 될 것
이다.

1. 〈필수 자비경〉

1. 완전한 평정 상태를 언뜻 맛보고서
   더욱더 향상을 이루고자 애쓰는 사람은
   유능하고 정직하고 고결하고
   말이 점잖으며 온유하고 거만하지 않아야 하리.

2. 만족할 줄 알아 남들이 공양하기 쉬워야 하며
   분주하지 않고 생활이 간소하며
   감관은 고요하고 사려 깊을지니
   속인들에게 뻔뻔스럽거나 알랑거려서는 안 되리.

3. 또한 현자에게 질책당할
   어떤 행동도 삼가야 할지라.
   (그런 다음에 이와 같은 생각을 기를지니)
   모두가 탈 없이 잘 지내기를!
   모든 중생이 행복하기를!

4. 살아 있는 생물이라면 어떤 것이든
   하나도 예외 없이 약한 것이든 강한 것이든
   길든 크든 아니면 중간치든
   또는 짧든 미세하든 또는 거대하든

5. 눈에 보이는 것이든 눈으로 볼 수 없는 것이든
   또 멀리 살든 가까이 살든
   태어났든 태어나려 하고 있든
   모든 중생이 행복하기를!

6. 너희는 서로 속이거나 헐뜯는 일이 없게 하라.
   어디서든 어떤 것이든.
   누구도 남이 잘못되기를 바라지 마라.
   원한에서든 증오에서든.

7. 어머니가 자기 아들을, 하나뿐인 자식을
   목숨 바쳐 위해危害로부터 구해내듯
   만 중생을 향한 일체 포용의 생각을
   자기 것으로 지켜내라.

8. 전 우주를, 그 높은 곳 그 깊은 곳 그 넓은 곳
   끝까지 모두를 감싸는 사랑의 마음을 키우라.
   미움도 적의도 넘어선
   잔잔한 그 사랑을.

9. 서거나 걷거나 앉거나 눕거나
   깨어 있는 한 이 자비의 염을
   놓치지 않도록 전심전력하라.
   세상에서 말하는 '거룩한 경지'가 바로 그것이다.

10. 그릇된 생각에 더 이상 매이지 않고
    계행과 구경의 지견을 갖추었으며
    모든 감관적 욕망을 이겨냈기에
    그는 다시 모태에 들지 않으리.

2. 〈자비경〉의 배경

부처님이 〈필수 자비경〉을 설하시게 된 동기는 아아짜리야 붓다고사가 쓴 주석서에 설명되어 있는데, 이 이야기는 부처님 시대부터 끊임없이 대물림해 내려오는 장로들의 구전口傳에 근거하고 있다.

그 이야기에 따르면 당시에 어떤 비구 대중 오백 명[5]이 부처님께 각자 기질에 맞는 특수한 명상기법을 지시받았다고 한다. 그런 다음 그들은 우기의 넉 달 동안 안거安居하며 명상에 전념하기 위해 히말라야 산기슭으로 들어갔다. 당시에는 우안거가 시작되기 한두 달 전 방방곡곡에서 부처님이 계신 곳으로 모여든 비구들이 세존의 가르침을 직접 받은 다음 저마다 정사精舍나 숲속의 거처 또는 토굴로 돌아가 정신적 해탈에 매진하는 일이 관례였다.

---

5 여기서 오백 명의 비구는 많은 비구를 가리키는 상례적인 표현임.

그래서 그 오백 명의 비구들도 부처님이 머물고 계시던 사왓티로 몰려와 아나아타삔디까가 지은 제따 숲속 정사[祇園精舍]로 가게 되었다.

각자 부처님의 가르침을 받은 뒤 적당한 거처를 찾아다니던 비구들은 문득 히말라야 산록에서 아름다운 작은 언덕을 발견했다. 주석서에 따르면 "그 언덕은 갑자기 눈앞에 나타났는데, 마치 반짝이는 푸른 수정과도 같았다. 서늘하고 울창한 녹색 숲을 장식처럼 두른 그 곳에는 한 자락의 모래 깔린 땅이 마치 진주 그물인양 아니면 한 장의 은종이인양 펼쳐져 있었다. 시원한 물이 솟는 깨끗한 우물까지 갖춘 채."

이 광경에 비구들은 넋을 잃었다. 부근에는 띄엄띄엄 마을이 있고 게다가 장이 서는 작은 읍내까지 있어 탁발하기에도 안성맞춤이었다. 비구들은 이 목가적인 숲에서 하룻밤을 지낸 후 다음날 아침 탁발하러 장터로 갔다.

그곳 마을 사람들은 비구들을 보자 대단히 반겼다. 실

제로 비구 대중이 그처럼 궁벽한 히말라야 오지까지 안거하러 오는 일은 거의 없었기 때문이다. 이들 신심 깊은 마을 사람들은 비구들에게 공양을 올린 후, 부디 이곳에 계속 머물러준다면 장차 그 모래땅에다 각자 오두막을 한 채씩 지어드리고 거목의 묵은 가지 아래에서 밤낮 명상에 몰두할 수 있도록 하리라고 청하여 마지않았다. 비구들이 이를 받아들이자 그 일대에 사는 신도들은 즉시 숲가에 조그만 오두막 여러 채를 짓고, 그 안에 나무 침대와 의자 그리고 마실 물과 씻을 물을 담는 항아리까지 빈틈없이 마련해 주었다.

비구들은 흐뭇한 마음으로 각기 오두막을 정한 다음, 이번에는 주야로 명상하기에 알맞은 나무 그늘을 고르기 위해 나섰다. 그런데 거대한 나무에는 저마다 목신들이 살고 있었다. 아마 그들은 이 나무에 깃들어 거처로 삼고 있었던 모양이다. 하지만 목신들은 정진하는 비구를 존경하여 기꺼이 온 가족이 자신들의 거처를 비켜 주었다. 이처럼 수행자의 덕은 모든 사람들의 우러름을 받았다. 특히 목신들이 그러했는데, 비구들이 나무 아래에 앉자 집 주인격인 목신들도 감히 수행자 위에 머무르려 하지 않았던 것이다.

애초에 목신들은 비구들이 기껏해야 하루나 이틀 묵어 가리라 생각하고 기꺼이 불편을 감수할 생각이었다. 그러나 여러 날이 가도 나무 아래 자리를 차지한 비구들이 움직이려 하지 않자, 도대체 이들이 언제쯤에나 떠날지 궁금증이 일기 시작했다. 마치 마을을 방문한 왕족 때문에 관리에게 집을 징발당한 주민들이 언제쯤이면 집에 되돌아갈 수 있을까 궁금해 하며 멀리서 전전긍긍하고 있는 형국이었다.

이처럼 집을 빼앗긴 목신들은 마침내 저희끼리 의논한 끝에 무시무시한 형용을 나타내 보이고 끔찍한 소리를 내거나 메스꺼운 냄새를 피워 수행자들을 쫓아내기로 결의했다. 그들이 갖가지 무서운 모습으로 괴롭히자 수행자들은 새파랗게 질려 더 이상 명상 주제에 집중할 수 없게 되었다. 목신의 짓궂은 행동이 계속되자 마음을 챙기려는 기본자세마저 흐트러져 버리고 머릿속은 무섭게 짓누르는 못된 형상과 나쁜 소리와 고약한 냄새로 뒤죽박죽이 되어 버렸다. 결국 최연장 장로를 찾아간 비구들은 각자가 겪은 경험을 토로하게 되었다.

그러자 장로는 이런 제안을 했다. "스님네들, 우리 세존께 가서 이 문제를 여쭈어보도록 합시다. 우안거에는 초기와 후기, 둘이 있지 않소. 이곳을 떠나게 되어 초기 우안거를 깨뜨리게 된다 해도 세존을 뵌 다음, 후기 우안거는 지낼 수 있지 않겠소." 비구들은 이에 동의하고 마을의 신도들에게는 알릴 사이도 없이 당장 그곳을 떠났다고 한다.

이윽고 그들은 사왓티에 도착하여 세존의 발아래 무릎을 꿇고 자신들의 끔찍한 체험을 말씀드린 뒤 다른 곳을 수행 장소로 정해 달라 간청했다. 부처님은 신통력으로 인도 전역을 훑어보셨지만 그들이 해탈을 이룰 만한 장소는 그곳밖에 없음을 아시고는 그들에게 이르셨다.

"비구들이여, 다시 그곳으로 돌아가라. 그곳에서 정진해야만 마음속의 때를 지울 수 있을 것이다. 두려워하지 말라. 목신들의 괴롭힘에서 벗어나고 싶거든 이 경經을 외우고 닦아라. 이는 명상의 주제일 뿐 아니라 호신주護身呪 *paritta*도 되느니라." 그러고서 세존께서는 〈필수 자비경〉 - 보편적 사랑의 찬가'를 읊으셨는데, 비구들도 세존 앞에서 따라 외운 다음 있던 곳으로 되돌아갔다.

비구들이 〈자비경〉을 암송하며 그 깊은 의미를 음미하고 명상하면서 그 숲속 거처에 다가가자 마음 가득 따뜻한 호의로 가득 찬 목신들이 사람의 모습을 하고 나타나 깊은 공경심으로 비구들을 맞이했다. 비구의 발우를 받아든 목신들은 비구들을 방으로 안내한 뒤 물과 음식을 대접하고서는 다시 원래의 모습으로 돌아가 이제부터 조금치의 주저함이나 두려움 없이 나무 아래에 앉아 명상수행에 전념해 달라고 청했다.

과연 목신들은 우기 석 달 동안 여러 모로 비구들을 돌

보아주었을 뿐만 아니라 조금도 소음이 생기지 않도록 만전을 기했다. 우기가 끝났을 때, 완벽한 고요를 누린 덕분에 모든 비구들은 정신적 완성의 극치에 이르게 되었다. 한 명도 빠짐없이 오백 명의 비구가 모두 아라한이 되었던 것이다.

진실로 〈자비경〉이 지니고 있는 위력은 이처럼 대단하다. 누구든 목신의 보호를 빌고 자비에 대해 명상하면서 확고한 믿음으로 〈자비경〉을 외우면, 모든 면에서 자신을 방호하게 될 뿐 아니라 주변의 모든 사람들까지도 보호하게 되며 정신적 향상을 이루게 되는 바, 이런 사실은 누구든 시험해보면 실제로 확인할 수 있다. 자비의 길을 따르는 이에게는 어떤 위해도 닥쳐올 수 없는 것이다.

3. 자비의 세 측면

〈자비경〉은 세 부분으로 이루어져 있으며 각기 자비의 서로 다른 특징에 초점을 맞추고 있다. 첫 번째 부분(3~10행)은 일상적 행위 하나하나를 할 적마다 철저하게 그리고 체계적으로 자비를 실행하라고 권하는 내용이다. 두 번째 부분(11~20행)은 자비관을 삼매, 곧 정신을 통일함으로써 유발되는 더 높은 식識에 이르는 탁월한 명상 기법이나 마음 계발법으로 부각시키고 있다. 세 번째 부분(21~40행)은 보편적 사랑의 철학에 전적으로 귀의할 것을 그리고 이를 모든 개인과 전 사회로 확대하고 자신의 내면적 경험으로 심화하는 데 전심전력할 것을, 즉 모든 신체적·언어적·정신적 활동을 통해 자비를 실천하라 강조하고 있다.

자비는 보시, 지계 등 열 가지 공덕 짓는 방법[十功德行][6]에 의해 쌓은 공덕을 '익히는' 특수 요소로 간주되어 왔다. 그뿐만 아니라 바라밀이라는 열 가지[7] 고상한 정신적 자질을 성숙하게 하는 태도도 바로 자비이다.

따라서 자비 수행은 나무를 커다랗게 키우는 과정에 비유할 수 있다. 씨를 뿌리고서부터 이윽고 나뭇가지마다 탐스런 과일이 주렁주렁 열려 그 향기를 사방에 퍼뜨리고, 그 맛있고 영양가 높은 시은물施恩物을 즐기기 위해 뭇 생물들이 모여들게 되기까지의 성장과정과 유사하기 때문이다. 씨가 싹트고 나무가 자라는 과정이 경의 첫 부분이라면 두 번째 부분은 나무가 튼튼하게 자라나 뭇 시

---

6 열 가지 복 짓는 공덕행: 보시布施(베풂), 지계持戒(계율을 지킴), 수행修行(마음을 닦는 일), 공경恭敬(남을 공손하게 받들어 대함), 봉사奉仕(남을 위해 헌신함), 회향廻向(자기의 공덕을 남에게 돌려줌), 수희隨喜(남이 공덕 쌓는 것을 진심으로 기뻐함), 설법說法(법을 정확하고 자세하게 알려줌), 문법聞法(귀 기울여 법문을 듣고 알려고 애씀), 견해의 정정訂正(자신의 그릇되거나 치우친 견해를 고쳐 바로 잡음).

7 상좌부 전통에서는 십바라밀을 말한다. 보시·지계·출리出離·지혜·정진·인욕·진실·결의決意·자비·평온[捨].

선을 끌만큼 아름답고 향기로운 꽃으로 덮여 있는 모습이다.

다시 작용 형태별로 보면, 자비의 첫째 측면은 우리의 삶이 큰 나무처럼 자라서 유익하고 너그럽고 당당해지도록 해준다. 두 번째로 명상으로서의 자비는 정신적으로 개화하여 우리의 삶 전체가 만인에게 기쁨의 원천이 되게 한다. 세 번째는 정신적 발전이 열매를 맺는 과정이다. 일체를 포용하는 정신적 사랑을 할 수 있게 되어 사회 전체에 강력한 영향력을 미칠 뿐 아니라, 그 자신은 저 높은 초월적 깨달음의 경지에까지 다다르게 되는 것이다.

인간의 마음은 무궁무진한 정신력과 통찰력이 매장되어 있는 광산과 같다. 이 내면의 무한한 잠재 공덕은 오직 자비를 수행함으로써만 충분히 캐어낼 수 있다. 경전에서 자비에 대해 휴면 상태의 공덕을 원숙하게 만드는 '성숙시키는 힘'으로 기술하고 있다는 사실로도 이는 분명하다.

〈망갈라경〉[8]에서는 좋은 도반과 어울리는 등의 행위로 먼저 향상적 인간관계를 이루어 놓은 다음, 과거의 공덕이 '결실 맺기'에 알맞은 환경으로 선택하라 권하고 있다. 결실을 맺게 하는 경지, 이것이 바로 자비가 하는 일이다. 단순히 나쁜 친구를 피하거나 교양 있는 환경 속에서의 생활만으로는 충분하지 못하다. 자비로 마음을 계발해야 한다. 그래서 과거의 공덕이 결실을 맺는다고 비유한 것이다.

---

8 《소송경》의 제5경, 《숫따니빠아따》 2장 제4경(게송 258~269). 〈길상吉祥경〉이라 옮김. 서른여덟 가지의 길사吉事를 들고 있다.

4. 자비의 윤리

불교 체계에서는 윤리란 바른 행위를 뜻한다. 즉 행복과 마음의 평화를 가져다주고 후회나 근심 또는 마음의 불안정을 일으키지 않는 행위를 말한다. 그러나 윤리의 뜻은 여기에만 국한되지는 않는다. 그것은 오히려 윤리가 가져오는 즉각적이며 심리적인 이득에 불과하다. 올바른 행위는 또한 행복한 재생再生으로 이어져 구도자가 더욱더 정신적 해방의 길을 나아갈 수 있도록 해준다. 뿐만 아니라 '지금·여기'에서 향상을 이루는 기반이기도 하다. 바꾸어 말하면 부처님의 성스러운 팔정도 중에서 바른 말[正語], 바른 행위[正業], 바른 생계[正命]가 바로 최상의 의미에서 올바른 행위인 것이다.

불교의 윤리에는 두 가지 측면이 있다. 행해야 할 계戒[준수사항 *cāritta*]와 금해야 할 율律[금지사항 *vāritta*]의 두 가지이다. 행해야 할 계는 〈자비경〉에 다음과 같이 나온다.

(그는) 유능하고 정직하고 고결하고
말이 점잖으며 온유하고 거만하지 않아야 하리.
만족할 줄 알아 남들이 공양하기 쉬워야 하며
분주하지 않고 생활이 간소하며
감관은 고요하고 사려 깊을지니
속인들에게 뻔뻔스럽거나 알랑거려서는 안 되리.

또 금해야 할 율律은 다음 게송에 잘 나타나 있다.

또한 현자에게 질책당할
어떤 행동도 삼가야 할지라.

여기서 자세히 살펴보면, 몸과 입으로 짓는 자비행은
따라야 할 행위와 하지 말아야 할 행위를 지키는 수행이
며, 그 결과로 얻어지는 내면의 행복과 이타적 발로는 이
연聯의 결구에 나타나 있듯 구도자가 마음으로 짓는 자비
행 속에 반영된다.

모두가 탈없이 잘 지내기를!
모든 중생이 행복하기를!

자비의 윤리가 가져오는 바는 이처럼 주관적 평안이나 금생의 향상 그리고 내생의 행복한 재생에만 그치지 않고 더 적극적인 베풂도 포함한다. 즉 두려움이 사라지게 해주는 베풂[無畏施 abhayadāna]과 편안하게 해주는 베풂[安穩施 khemadāna]이 그것이다.

〈자비경〉이 우리에게 타인이나 사회 전체와 뜻있는 관계를 맺기 위해 우리가 가져야 한다고 권장하는 행동 양식과 성품을 분석해보면, 이 경이 정신건강 면에서 얼마나 중요한 의미를 갖는지 알 수 있다. 이제 경의 내용을 하나하나 검토해 보겠다.

첫머리에 나오는 '유능함'이란 단순히 효율성이나 숙달을 의미하는 것만이 아니라, 남에게 불편을 끼치지 않겠다는 배려에서 일을 원만히 처리하는 태도까지 뜻한다.

유능한 사람은 교만해지기 쉬우므로 수행자는 '정직하고 고결해야' 하는 한편, '말이 점잖으며 온유하고 거만하지 않아야 한다.' 이는 참으로 완벽하게 고루 갖추어 평형을 이룬 성품이라 하겠다.

다음으로 '만족할 줄 아는' 사람은 '남들이 공양하기 쉬워야 한다.' 검소함은 남들을 배려하는 측면에서 볼 때 매우 고상한 품성이다. 남에게 폐를 끼치지 않기 위해 또 남에게 모범이 되기 위해 자신의 소유물을 줄이면 줄인 만큼 사람도 순수해진다. 사람이 천하고 물질적이 될수록 필요로 하는 것들이 늘어난다. 따라서 어떤 사회의 정신적 건강 상태를 판단하려면 소유와 절제에 관한 잣대가 필요하다. 그 사회 구성원들이 필수품을 얼마나 줄여가고 있는지, 다시 말해 어느 만큼에서 만족하는가의 정도가 정신건강의 수준이라 할 수 있다.

물질적 생활과 자기중심적인 생활을 하면 부족함은 자꾸 늘어날 뿐 아니라 마음마저 불안해지는 게 또 다른 특징이다. 이 불안한 마음은 지나치게 분주하고 지나치게 행동적이며 절도와 자제력을 잃은 모습으로 나타나게 된다. 만인의 안녕을 증장시키기 위한 자비는 인연 있는 일체 중생들의 안녕을 극대화시키는 데 도움이 될 몇몇 의미 있는 일에만 차분히 전념하는, 진정으로 사람을 생각하는 자세 위에 서 있어야 한다.

또 자비심의 발로로 검소한 생활을 한다면 반드시 그 사람의 견해와 행위까지도 새롭게 정립되지 않을 수 없다. 오늘날처럼 쾌락추구와 소유지향 일변도의 경쟁사회도 이 점에서 예외일 수 없다. 검소하게 사는 사람은 점잖으면서도 유능하고 능률적이며 또한 감관을 제어하고 있어 절도가 있고 검약하며 자제한다. 이런 사람에게는 명상을 통한 정신 계발도 물 흐르듯 자연스러워 힘이 들지 않는다. 그래서 '감관이 고요하라.'고 강조하게 되는 것이다.

자비로운 행위에는 '사려 깊은' 면, 다시 말해 실제적인 지혜도 포함된다. 실제로 일상생활에서 온갖 형태의 인간

관계에 맞추어 다양하게 자비행을 펼 수 있는 사람이라면 그는 틀림없이 영민하고도 현명한 사람이다. 수행자는 자칫 정신수행을 빙자하여 독선적이 되기 쉽다. 실제로 그런 예를 흔히 볼 수 있다. 그러나 그 독선은 자기가 남보다 낫거나 더 독실하다고 믿는 우월감이라는 거짓 탈을 쓴 것일 뿐 그 무엇도 아니다. 따라서 '속인들에게 뻔뻔스럽거나 알랑거려서는 안 되리'라는 말은 참으로 자비로운 사람이라면 어떤 형태의 독선에도 빠지지 말아야 한다는 지침이다.

나아가 자비 수행자는 '현자'가 사려 분별이 모자라거나 예의범절에 어긋난다고 '질책'할 만한 행동은 설사 사회적 관습이 그러할지라도 '삼가'도록 충고하고 있다. 선善은 자신의 안녕뿐 아니라 남들의 안녕도 고려하는 바이기 때문에 자기 혼자의 선함만으로는 충분하지 못하고 남의 눈에도 선하게 비쳐야 한다. 모두의 이익을 위해, 사회의 안녕을 위해 구도자는 모범적인 생활을 해야 하는 것이다.

이렇게 사는 사람은 〈자비경〉의 나머지 부분에 그려져

있는 정확한 명상 기법을 통해 일체를 포용하는 자비로운 마음 닦는 일에 착수할 수 있다.

〈자비경〉은 일명 호신주*paritta*라고도 하는데, 이는 능히 안녕을 지켜주고 모든 위험으로부터 보호해주며 사고와 불행으로부터 구제해줄 수 있는 신성한 문구라는 뜻이다.

앞의 이야기에서 비구들은 목신의 적개심을 샀기 때문에 모처럼 만난 그 좋은 환경을 계속 누리지 못하고 그곳을 떠나지 않으면 안 되었다. 그러나 비구들이 돌아오는 길 내내 〈자비경〉을 독송하고 명상하여 그 가호를 받게 되자, 비구들이 도착할 즈음 목신들은 정다운 마음으로 그들을 기다리게 되었다. 적개심이 환대심으로 바뀐 것이다.

호신주의 보호는 안으로도 밖으로도 작용한다. 안으로는 자비가 마음을 깨끗하고 활발하게 만들다 보니 자연히 잠자고 있는 가능성을 일깨우게 되고, 그 결과 정신적으로 인격상의 대변화를 가져오게 된다. 자비에 의해서 일대 변화가 일어나면 우리의 진정한 적이요 만 가지 불행의 근원인 탐욕·증오·색욕·질투 등 마음을 오염시키는 요소들이 이제는 함부로 그 마음에 출몰하지 못하게 된다.

또한 밖으로는 자비야말로 염력으로 작용하여 어느 곳의 어떤 마음에 대해서도, 높은 수준의 마음이든 낮은 수준의 마음이든 능히 영향력을 미칠 수 있다. 자비에서 방사되는 파장은 사람을 진정시키고 마음에 있는 증오의 화살을 제거하며, 심지어 중병마저 치유해줄 수 있다. 불교 신봉국에서는 호신주를 외워 갖가지 병을 치유하거나 불행에서 벗어난 사람들을 흔히 볼 수 있다. 이처럼 자비는 진정한 치유력이기도 하다. 안전장치까지 마련해주는 치유 주문 呪文, 그것이 자비가 호신주 역할을 해내는 방식이다.

5. 자비의 심리학

빠알리 주석서들은 다음과 같이 설명하고 있다.

사람이 만 중생을 사랑하려면,

1) 만 중생을 억압하지 않아야 하며 따라서 억압하기를 피한다.

2) 만 중생에게 공격적이지 않아야 하며 따라서 공격적이기를 피한다.

3) 만 중생을 학대하지 않아야 하며 따라서 학대행위를 피한다.

4) 어떤 생명도 파괴하지 않아야 하며 따라서 파괴적이기를 피한다.

5) 만 중생을 괴롭히지 않아야 하며 따라서 괴롭히기를 피한다.

6) "만 중생이 화목하고 서로 적대하지 않기를!" 하고 바

라는 염念을 투사해 보낸다.

7) "만 중생이 행복하며 불행하지 않기를!" 하고 바라는
   염을 투사해 보낸다.

8) "만 중생이 평안을 누리고 번민하지 않기를!" 하고 바
   라는 염을 투사해 보낸다.

　이처럼 여덟 가지 방식으로 만 중생을 사랑한다. 그래
서 보편적 '사랑'이라 할 수 있다. 그리고 이런 성질의 사
랑을 속에 품는 것이므로 이는 어디까지나 '마음'의 문제
이다. 또 이러한 마음은 모든 악의 어린 생각에서 '자유'
로우므로 이들 사랑과 마음과 자유가 합친 것을 두고 '마
음의 자유[心解脫]로 이끄는 보편적 사랑[慈心解脫]'이라 정
의하는 것이다.

　위에 든 주석서의 문장으로 미루어보건대 자비는 여러
면으로 긍정적 덕목을 적극 실행하여 그와 대칭되는 부
정적 성품으로부터 벗어남을 뜻한다. 우리가 만 중생에
대해 억압하지 않는 길을 적극 실천할 때에만 비로소 남

을 억압하려는 성향에서 완전히 벗어날 수 있다. 마찬가지로 우리가 공격적이고 남을 학대하고 파괴적이고 괴롭히는 부정적 성품을 벗어나려면 그 반대되는 자질, 즉 공격적이지 않고 학대하지 않고 파괴적이지 않고 괴롭히지 않는 자세를 행동·말·생각을 통해 실천해야 한다. 이와 같이 긍정적으로 행하여 삶의 방식을 반듯한 원칙 위에 확고히 세운 다음, 그러한 삶을 기반으로 하여 '자비관법'이라는 특수 명상 기법을 닦아 마음을 더욱더 계발해 나간다. 그리하여 자비관이 강력하게 일으키는 승화된 사랑의 염 또한 끝 모르게 자라나, 우리의 식識 자체를 무한하고 보편성에 이르게 해준다.

만 중생이 적대하지 않고 화목하기를, 불행하지 않고 행복하기를, 고난을 겪지 않고 안녕을 누리기를 기원하는 그 마음가짐은 이미 숭고하고 광대무변한 경지에 도달했을 뿐 아니라 그 마음의 자유 또한 완벽에 이르렀음을 암시한다. 따라서 '마음의 자유로 이끄는 보편적 사랑'이란 표현이 조금도 과장이 아님을 알 수 있다.

자비와 반대되는 다섯 가지 측면의 의미를 밝히자면, '억압*pīḷana*' 성향은 남을 압박하거나 손실을 입히려드는 욕망이며, '공격*upaghāta*' 성향은 남을 다치게 하거나 상처를 주려는 경향이고, '학대*santāpa*' 성향은 고통을 주려는 가학적 성격과 동의어로 남을 아프고 비참하게 만든다. '파괴*pariyādāna*' 성향은 끝장내거나 해치워버리려는 성질로 극단주의자와 우상파괴자들의 특징이고, '괴롭힘*vihesā*'은 남에게 부담을 지우거나 난처하게 만들거나 근심과 중압감을 안겨주는 짓을 말한다. 이들 성향은 모두 반감과 악의에 뿌리박고 있어서, 행동 양식으로서나 심리 상태 혹은 정신적인 자세 모든 면에서 자비와는 정반대이다.

부정적인 성향을 그와 반대되는 긍정적 도리로 하나하나 대체시켜 나갈 수 있다면 이는 삶의 자세가 매우 발전·성숙했음을 의미한다. 남을 억압하지 않고 공격하지 않고 파괴하지 않고 괴롭히지 않고 지낼 수 있는 능력은 지금처럼 인간관계가 극히 긴장되고 비참한 이 세상에서는 참으로 우아하고 아름답고 사랑이 넘치는 행동양식이라 아니할 수 없다.

《청정도론》에 따르면 자비는 자신의 마음속에 있는 노여움·원한·공격성 같은 더러운 때뿐만 아니라 남의 마음속 더러운 때까지도 정화시키는 용해제이다. 자비는 우정으로 다가가기 때문에 적대적이던 사람마저 친구로 돌아서게 한다.

또한 자비는 기본적으로 행복을 증진시키는 특징을 가지고 있다. 이는 고통보다 안녕을 우선하려는 쪽으로 작용하며 골칫거리를 없애주는 힘으로 나타나 일체중생과 사물의 나쁜 면은 접어두고 좋은 면만 보려는 성향에서 비롯한다. 악의를 가라앉히고 사랑을 베풀 때 자비는 성공하고, 세속적 애정으로 떨어질 때 자비는 실패한다고 주석서는 설명하고 있다.

이렇게 분석해볼 때 사람들에게서 좋은 면만 보려하

고, 남들이 잘되는 쪽을 더 좋아하고, 따라서 비공격적이되고, 어떤 골칫거리나 상처도 제거해주며 또 적극적으로복리를 증진시켜 줄 때라야만 자비가 용해제 구실을 한다는 사실이 분명해진다. 자비는 궁극적으로 초세간적 통찰력을 얻게 하며 설혹 그렇지 못한 경우에도, 금생에는 내면의 평화와 건강한 마음의 상태를 지닐 수 있게 한다. 아울러 내생에는 최소한 저 거룩한 범천의 세계에 반드시태어나게 된다고 한다. 부처님께서도 〈필수 자비경〉에서다음과 같이 보증하고 계신다.

그릇된 생각에 더 이상 매이지 않고
계행과 구경의 지견을 갖추었으며,
모든 감관적 욕망을 이겨냈기에
그는 다시 모태에 들지 않으리.

사랑은 모든 감정 중에서 가장 해로운 감정인 악의가생기지 않게 한다. 그러기에 "벗들이여, 보편적 사랑이 이룩해낸 마음의 자유[慈心解脫], 이는 바로 악의에서 완전히 벗어난 경지이다."《장부》 III권 248쪽)라고 말씀하신 것이다.

우리가 자비 수행을 할 때 특히 경계해야 할 감정이 있다. 자비와 비슷하기 때문에 혼동을 일으켜 자칫 자비공부를 망치기 쉬운 감정과 또 자비와 아주 달라서 자비공부를 크게 방해하는 감정이 그것이다. 《청정도론》에서는 이들을 '두 가지 적, 즉 가까운 적과 먼 적'이라고 한다. 탐욕·색욕·속된 애정·관능 탐닉은 모두 가까운 적이니 그 성향이 자비심과 비슷하기 때문이다. 호색하는 사람들도 상대의 좋은 면이나 아름다움을 보기 때문에 거기에 빠져든다. 수행자가 이런 감정을 자비로 잘못 알고 속지 않으려면 '가까운 적'으로부터 진정한 자비심을 보호하지 않으면 안 된다.

악의와 분노 증오는 자비심과는 전혀 다른 감정들이므로 '먼 적'이 되는 셈이다. '먼 적'은 쉽사리 분간할 수 있으므로 두려워할 필요 없이 한층 높은 힘인 사랑을 쏟아내어 이 적을 반드시 정복해버려야 한다. 문제는 '가까운

적'이다. 이들 앞에서는 스스로 속기가 쉽다. 이 자기기만
이야말로 누구나 저지르기 쉬운 가장 고약한 일로 아무
리 조심해도 부족하다.

  자비는 행하고자 하는 강한 열의가 있어야만 시작할
수 있고, 비록 애써 시작하였다 하더라도 수행이 계속되
려면, 다섯 가지 장애[五蓋], 즉 감각적 욕망·악의·나태와
혼침·들뜸과 근심·의심을 다스려내야만 하며, 선禪 *jhāna*
에 이름으로써 '극치를 이룬다'고 한다.

6. 자비관

자비 수행, 즉 보편적 사랑에 대한 명상에는 여러 가지 방법이 있다. 여기서는 가장 기본적인 방법 세 가지만 소개한다. 자비 수행을 시작하려는 열의를 가진 사람이라면 누구든지 공부를 지어나가는 방법에 대해 의문을 갖지 않도록, 경經과 주석서에 입각하여 간단명료하고 직설적으로 설명하고자 한다. 자비 수행의 이론과 실천에 관해 좀 더 충분한 설명을 원하는 독자가 있다면 《청정도론》 9장을 참조하기 바란다.

자비관 수행 방법 (1)

선방이나 조용한 방, 공원, 기타 어디든지 혼자서 고요히 있을 수 있는 장소에서 편안한 자세로 정좌한다. 눈을 감고 '자비'를 몇 번 되뇌면서 속으로 그 뜻, 즉 증오·원한·악감·초조·자만·오만과 반대인 남들의 행복과 안녕을 증진시키는 선의·동정·친절 등과 같은 심원한 감정, 곧 사랑을 떠올린다.

그런 다음 행복에 싸여 빛나는 자기의 환한 얼굴을 눈앞에 그려보라. 거울을 대할 때마다 행복에 젖어 있는 자기 얼굴을 그려보고 명상할 동안에도 줄곧 그런 기분에 잠겨보라. 행복감에 잠긴 사람은 화를 내거나 부정적인 생각이나 느낌을 품을 수 없다. 행복한 기분에 잠긴 자기 모습을 눈앞에 그린 다음 이제 "내가 적의에서 벗어나고 고통에서 벗어나고 번민에서 벗어나지이다. 내가 행복하게 살아지이다." 하는 생각으로 자신을 가득 채우라. 이처럼 긍정적인 사랑의 염력으로 스스로를 가득 채우면 그대는 마침내 물이 가득한 그릇처럼 될 것이며 이제 그 안의 물을 사방으로 흘러넘쳐 보낼 준비가 된 것이다.

이제 그대는 명상을 지도해주시는 스승이 살아 계신다

면 그 모습을 눈앞에 떠올린다. 만일 스승이 살아계시지 않는다면 생존해 계신 다른 스승이나 존경하는 어른을 떠올린다. 그분의 행복한 기분을 그려보며 위에서와 똑같은 생각을 투사投射한다.

"스승께서 적의에서 벗어나고 고통에서 벗어나고 번민에서 벗어나시기를! 그분께서 행복하게 사시기를!"

그런 다음, 그 밖에 생존해 계신 분 중에서 존경할 만한 분들·스님들·스승들·부모 및 웃어른들을 떠올리고 같은 방식으로 그들 각각에게 "그분들이 적의에서 벗어나고 고통에서 벗어나고 번민에서 벗어나지이다. 그분들이 행복하게 사시기를!" 하고 자비의 염을 열심히 펼쳐 보낸다.

이때 눈앞에 떠올린 모습은 선명해야 하며 염의 방사放射는 진심에서 우러나야 한다. 만일 모습 떠올리기를 서두르거나 기원을 형식적 또는 기계적으로 하고 있으면 그 공부는 소득이 없다. 왜냐하면 그렇게 하는 공부는 단순히 자비에 대해 생각하는 지적 유희에 지나지 않을 테니

까 말이다. 자비를 행함, 다시 말해 자비로운 의지의 힘을 적극적으로 투사하는 일은 단순히 자비에 대해 생각해보는 일과는 전연 별개임을 반드시 명심해야 한다.

또한 살아있는 사람만 떠올리고 죽은 사람은 대상으로 삼지 않도록 주의하라. 죽은 사람은 이미 형태를 바꾸었기에 자비 투사의 초점이 될 수 없기 때문이다. 자비관의 대상은 항상 살아있는 존재라야 하며 그 대상이 살아있지 않으면 염력은 효력을 잃고 만다.

앞서 말한 대로 자신과 명상 지도 스승 그리고 다른 존경하는 사람의 순서로 사랑의 염을 방사한 다음, 이제는 자신의 가족부터 시작하여 한 사람씩 정다운 사람들을 눈앞에 그려나가면서 자비의 빛을 가득히 비추어 그들을 감싼다. 자비는 자기 집안에서부터 시작된다. 자기 가족도 사랑하지 못하는 사람이 남을 사랑할 수는 없기 때문이다.

자기의 가족에게 자비를 펼칠 때는 자신의 배우자와 같이 깊이 정든 사람은 친한 사람 중 가장 뒤로 돌리도록 신경을 써야 한다. 부부간의 친밀함에는 자비를 때묻게 하는 속된 애정이라는 요소가 개입될 위험이 있기 때문이다. 참된 정신적 사랑은 누구에 대해서나 똑같아야 한다. 또한 가족이나 친척 중 어떤 사람과 일시적인 오해나 다툼이 있었다면 그 불쾌한 사건이 생각나는 것을 피하기 위해서 그 사람 역시 뒤에 떠올리는 게 좋다.

다음은 특별히 좋아하지도 싫어하지도 않는 무관한 사람들 차례인데, 이웃 사람들 직장 동료들 그저 면식이 있을 정도의 사람들 등등이다. 그런 사람들에게 일일이 사랑의 염을 방사한 후에 비로소 자기가 싫어하거나 적대감 내지 편견을 품고 있는 사람들을 떠올리며, 일시적 오해가 있었던 사람들도 이때 떠올린다. 싫은 사람들을 떠올릴 때에는 각 대상에 대해 "나는 그에게 아무런 적의가 없다. 그도 나에게 적대감이 없기를. 그가 행복하기를!" 하고 마음속으로 반복해야 한다.

이처럼 여러 층의 대상들을 눈앞에 떠올리는 동안 좋

고 싫고 애착하고 증오하는 데 기인한 모든 장벽을 무너뜨리게 된다. 만일 적에 대해서도 아무런 악의를 품지 않고 가장 친한 친구에게 대하듯이 선의를 가지고 대할 수 있게 되었다면, 마음이 어느 쪽에도 치우치지 않은 자비는 평형의 극치에 달할 것이며, 그러한 자비야말로 한없이 넓어지는 나선운동처럼 마음을 위로 또 밖으로 고양시켜 일체를 포용하도록 만든다.

여기에 '떠올리기'라 함은 어떤 대상, 즉 어떤 사람 어떤 특정 지역 또는 방향 어떤 범주의 중생을 '마음에 떠올리거나 그려보는 행위'를 의미한다. 바꾸어 말하면 자기가 사랑의 염을 투사하거나 펼쳐 보내고 있는 상대방 인물을 상상하는 것이다. 예를 들어 그대가 아버지 얼굴을 상상하는데 매우 행복하고 기쁨으로 빛나는 얼굴을 마음속에 그리고서는 그 심상心像을 향해 '그분이 행복하시기를! 그분이 병고나 근심 걱정에서 벗어나시기를! 건강을 누리시기를!' 하고 마음속으로 되뇌면서 생각을 투사해 보내는 것이다. 이때 되뇌는 내용은 그분의 안녕을 증진시키는 경우라면 어떤 생각이라도 무방하다.

앞에서 말했듯이 '방사放射'라 함은 어떤 사람들에게 마음을 향하고서는 그들의 안녕을 조장助長하는 생각을 투사해 보냄을 말한다. 자비의 염은 강력한 염력이다. 그것은 의지意志한 바를 현실화시킬 수 있다. 왜냐하면 안녕을 빈다는 행위는 '의지 행위'이며 따라서 창조활동이기 때문이다. 사실 모든 분야에 걸쳐 인간이 창조한 결과들은 그것이 도시건설이건 수력발전소건 달 착륙 우주선이건 살상용 무기이건 아니면 예술적·문학적 걸작품이든 모두 사람이 발휘한 의지의 소산임에 틀림없다. 자비염의 방사 또한 의지한 바를 현실로 이끌어내는 바로 의지력의 전개현상이다. 멀리 떨어진 곳에서 자비의 염력을 써서 질병을 치유하거나 불행을 방지한 사례가 얼마든지 있다. 다만 이러한 염력을 일으킬 때는 매우 특수하고 숙달된 방식으로 일정한 순서를 따를 필요가 있다.

이 책에서 쓰고 있는 자비 방사의 어구語句는 고대의 《무애해도》에서 비롯하여 전승되어 오는 것이다.

그들이 적의에서 벗어나고 고통에서 벗어나고 번민에서 벗어나지이다. 그들이 행복하게 살기를!

averā hontu, abyāpajjhā hontu, anīghā hontu,

sukhī attānaṁ pariharantu!

이 용어들에 대한 주석서의 설명은 매우 의미심장하다. '적의에서 벗어나다, 적의로부터 자유롭다*averā*'란 말은 스스로 일으키거나 남이 도발한 적의, 스스로 일으켰지만 그 원인은 남의 탓인 적의, 남이 도발했지만 그 원인은 자기나 제삼자가 제공한 적의 등, 그 어떤 적의도 없는 상태를 뜻한다. 자기 자신에게서 느끼는 분노는 자기 연민이나 후회나 죄어드는 듯한 죄책감 등의 형태로 나타난다. 이런 분노는 남들과의 상호작용이 전제조건일 수 있다. 분노가 증오와 결합하면 적의가 된다.

그 다음 '고통에서 벗어난다*abyāpajjhā*'는 말은 아픔을 겪지 않는 상태, 신체적 괴로움이 없는 상태를 의미한다. '번민에서 벗어난다*anīghā*'는 말은 적의나 신체적 고통에

흔히 따라오는 정신적 고통이나 비통 또는 근심 따위가 전혀 없음을 뜻한다. 사람이 행복하게 산다는 것, 다시 말해서 느긋함과 유쾌함을 누리며 처신한다는 것은 적의와 고통과 번민에서 벗어났을 때만 가능하다. 따라서 이 용어들은 모두가 서로 맞물려 있는 것이다.

'순서대로'라는 말은 대상을 하나하나 떠올림에 있어 저항이 가장 적은 쪽에서부터 점진적으로 범위를 넓혀나가면서 마음 자체로 넓혀나감을 뜻한다. 《청정도론》은 특히 이 순서를 강조하고 있다. 아아짜리아 붓다고사에 의하면 자비에 대한 명상은 자신을 떠올리는 단계에서 시작하여 그 다음 자기가 존경하는 사람 다음에는 친근한 사람 그리고 그저 그런 사람과 적대적인 사람의 순서로 자비관을 해나가야 한다고 전한다. 이 같은 순서로 자비심을 방사함에 따라 마음은 존경하는 사람·친근한 사람·아무 상관이 없는 사람 그리고 적대적인 사람들과 자신 사이의 존재했던 모든 장애를 허물게 되며 모든 사람들을 똑같은 자비의 눈으로 볼 수 있게 된다.

《청정도론》은 장애를 허무는 데 대해 매우 적절한 비유를 들고 있다. "어떤 명상자가 그 자신이 존경하는 사람·친근한 사람·아무 상관이 없는 사람·적의를 품었거나 사악한 사람과 함께 앉아 있는 곳에 강도가 들이닥쳐 '자, 당신들 중에서 인간 제물이 될 사람이 꼭 하나 필요해.'라고 협박한다고 하자. 이때 명상자가 이 사람을 데려가라고 해야 하나, 저 사람을 데려가라고 해야 하나 하면서 마음속에 갈등을 일으킨다면 그는 장애의 벽을 허물지 못한 것이다. '이들 중 아무도 데려가면 안 되니 차라리 나를 데려가라고 해야지.'라고 생각해도 이 또한 자신에게 해를 끼치는 짓이므로 아직 장애를 허물지 못한 것이다. 자기 자신의 안녕 역시 자비관의 대상이기 때문이다. 만약 아무도 강도의 손에 넘겨줄 일이 아니라고 판단하고서 도적을 포함한 모두에게 한결같이 사랑의 정신을 방사한다면 그때 그는 장애를 허문 것이 된다."

자비관 수행 방법 (2)

자비관 수행의 첫째 방법은 자신과 가까운 사람부터 시작해서 점점 거리가 먼 사람들을 향해 자비심을 방사하는 특정 개인 상대의 방식이었다. 하지만 둘째 방법은 '보편적 사랑을 통한 마음의 해탈', 즉 빠알리어 '멧따-쩨또위뭇띠*mettā-cetovimutti*'라는 말 그대로 진실로 일체를 포용하는 마음이 되도록 사사로운 관계를 넘어서 자비를 방사하는 방식을 제시한다. 해방되지 못한 마음은 자기중심주의와 탐욕·증오·미혹·질투와 비천함의 감옥에 갇혀 있다. 마음을 더럽히고 옹졸하게 하는 이런 정신적 요소에 속박당하고 있는 한 그 마음은 내내 차꼬 채워진 채 편협함에서 벗어날 길이 없다. 자비는 이 멍에를 깨뜨림으로써 마음을 해방시키며 일단 해방되면 마음은 자연히 무한 무량하게 자라난다. '대지가 다하는' 법이 없듯이 사랑도 다함이 있을 수 없는 것이다.

수행자가 먼저 선택된 인물들을 향해 자비의 염을 방

사하기를 마치고, 존경하는 사람·사랑하는 사람·친구·아무 상관이 없는 사람·적대적인 사람 등 그 모든 사람과 자기 사이에 가로막힌 장벽을 허물고 나면, 이제 그는 주변 인물들을 떠나 다중을 향해 자비를 방사하는 '일대 항해'를 시작하게 된다. 망망대해를 헤쳐 나가는 원양선이 뱃길을 잃지 않고 목표지점을 향해 나아가듯이 이때 수행자도 길을 잃지 않도록 주의해야 한다. 그러기 위해서는 다음과 같은 기법을 따르는 것이 좋다.

먼저 그대의 집에 거주하고 있는 사람들이 하나의 집합체를 이루고 있다고 상상하라. 그러고는 그들 모두를 그대 마음속에 감싸 안고 다음처럼 자비심을 방사한다.

이 집에 사는 모든 이들이 적의에서 벗어나고 고통에서 벗어나고 번민에서 벗어나지이다. 그들이 행복하게 살기를!

이런 방식으로 자신의 집을 떠올리고 다음에는 옆집과 그 식구들을 떠올린다. 이렇게 한 집 한 집을 대상으로 하여 마침내 그 거리의 모든 집이 대자비로 감싸일 때까지 계속한다. 그런 뒤에는 그 옆의 거리 또 그 옆의 거리 순으로 온 이웃과 동네를 덮어나간다. 방향을 따라 점점 넓혀 나가면서 분명하게 떠올리며 자비의 광선을 풍성하게 펼친다. 이렇게 마을 전체와 도시 전체를 감싼 다음에 그 지방과 주洲[9] 전체를 뒤덮으면서 자비심을 방사한다.

다음으로 자기 주에서부터 시작하여 차례로 한 주씩 떠올리고 나서 그다음, 동서남북 방향별로 나머지 주를 떠올린다. 이처럼 수행자는 계급이나 인종, 종교나 종파에 관계없이 지역에 따라 그 나라에 사는 모든 사람을 영상화시켜야 한다.

이 거대한 대지에 살고 있는 모든 사람들이 평화롭고 안녕하기를! 전쟁도 분규도 불행도 병고도 없기를! 우애와 행복, 자비와 지혜로 빛나는 가운데 이 거대한 국토의 모든 사람들이 평화와 풍요를 누리기를!

---

9 필자의 고국인 인도나 활동무대인 미국이 모두 주洲로 이루어진 연방국임.

이제 수행자는 전 대륙을 동서남북 방향으로 한 나라씩 덮어나간다. 각 나라를 지리적으로 상상하고 그 안에 살고 있는 사람들의 모습을 그리며 자비의 염을 무량하게 방사해 보낸다.

그들이 행복하기를! 그곳에 분쟁과 불화가 없기를! 선의와 이해심이 넘치기를! 모두에게 평화가 있기를!

다음에는 각 대륙을 떠올린다. 아프리카·아시아·오스트레일리아·유럽·북미·남미의 각 나라와 각 민족을 떠올리면서 전 지구를 감싸나간다.

다시 자신이 지구의 어떤 한 지점에 위치하여 강력한 자비의 광선을 투사하고 있다고 상상하라. 지구의 한 방향을 감싸고 다음에는 다른 방향을 그 다음엔 또 다른 방향을 그래서 마침내 전 지구를 보편적 사랑의 찬란한 광휘로 넘치게 하고 완전히 감싸이게 한다고 상상하라.

이제 명상자는 강력한 자비의 빛을 광대무변한 우주로 투사하여 다른 세계에 살고 있는 일체 중생들에게 보낸다. 처음엔 동서남북의 사방四方으로, 다음에는 동북·동남·서북·서남방의 사유四維로, 그 다음에는 위와 아래로, 이렇게 시방十方을 두루 풍성하고 무량한 보편적 사랑의 염으로 메운다.

자비관 수행 방법 (3)

불교의 우주론에 의하면 이 우주에는 무수한 세계 lokadhātu가 있어 무한히 다양한 범주의 중생들이 각기 상이한 진화 단계에서 살고 있다고 한다. 우리가 사는 지구는 이러한 세계에서 작은 반점 하나에 지나지 않으며, 우리의 이 세계는 다시 헤아릴 수 없이 많은 세계를 가진 우주 전체의 미미한 한 점에 지나지 않는다.

그 모든 곳에 존재하는 일체 중생들을 향하여 수행자는 가없는 사랑의 염을 방사해야 한다. 이 수행은 자비의 우주적 보편화라는 또 다른 수행 방법을 통해 닦게 된다.

자비의 우주적 보편화는 다음 세 가지의 특수한 방식
으로 이루어낸다.
1. 포괄적 방사*anodhiso-pharaṇā*
2. 한정적 방사*odhiso-pharaṇā*
3. 방향별 방사*disā-pharaṇā*

《무애해도》에 따르면 자애의 포괄적 방사는 다섯 가지
방법으로, 한정적 방사는 일곱 가지 방법으로, 방향별 방
사는 열 가지 방법으로 행한다. 그리고 이 열 가지 방향별
방법은 포괄적 방사 방식의 다섯 범주나 한정적 방사 방식
의 일곱 범주와 각각 결합될 수 있다. 이 모든 수행 방식에
서 앞에 설명한 "그들이 적의에서 벗어나고 고통에서 벗
어나고 번민에서 벗어나지이다. 그들이 행복하게 살기를!"
이라는 네 가지 기본 구절 중 하나를 쓸 수 있다. 따라서
네 가지 유형의 염을 각각 다섯 범주와 일곱 범주 그리고
120의 방향별 범주에 적용시키면 방사의 방식은 528가지

에 이른다. 이들 중 어느 방식이든 선禪 *jhāna*을 이루는 자비 수행기법으로 쓰일 수 있다.(《청정도론》9장 58절)

(포괄적 방사)

포괄적 방사의 다섯 가지 방법은 다음과 같다.

1. 모든 유정*sabbe sattā*[10]이 적의에서 벗어나고 고통에서 벗어나고 번민에서 벗어나지이다. 그들이 행복하게 살기를!

2. 숨 쉬는 모든 존재*sabbe pāṇā*가 적의에서 벗어나고 고통에서 벗어나고 번민에서 벗어나지이다. 그들이 행복하게 살기를!

3. 모든 생물*sabbe bhūtā*이 적의에서 벗어나고 고통에서 벗어나고 번민에서 벗어나지이다. 그들이 행복하게 살기를!

4. 모든 개별적 존재*sabbe puggalā*가 적의에서 벗어나고

---

10 중국 역경사에서 *sattā*는 구역에서는 중생으로, 신역에서는 유정有情으로 옮겨졌다. 이 번역에서는 중생을 일반적 용도로, 유정은 감각·지각력을 가진 존재를 가리키는 개념으로 사용했다.

고통에서 벗어나고 번민에서 벗어나지이다. 그들이
행복하게 살기를!

5. 몸체로 구현된 모든 존재*sabbe attabhāva-pariyāpannā*
가 적의에서 벗어나고 고통에서 벗어나고 번민에서
벗어나지이다. 그들이 행복하게 살기를!

한정적 방사

대상을 한정해서 방사하는 일곱 가지 방법은 다음과
같다.

1. 모든 여성*sabbe itthiyo*이 적의에서 벗어나고 고통에서
벗어나고 번민에서 벗어나지이다. 그들이 행복하게
살기를!

2. 모든 남성*sabbe purisā*이 적의에서 벗어나고 고통에서
벗어나고 번민에서 벗어나지이다. 그들이 행복하게
살기를!

3. 모든 성자*sabbe ariyā*가 적의에서 벗어나고 고통에서
벗어나고 번민에서 벗어나지이다. 그들이 행복하게
살기를!

4. 모든 범부*sabbe anariyā*가 적의에서 벗어나고 고통에서 벗어나고 번민에서 벗어나지이다. 그들이 행복하게 살기를!

5. 모든 천신*sabbe devā*이 적의에서 벗어나고 고통에서 벗어나고 번민에서 벗어나지이다. 그들이 행복하게 살기를!

6. 모든 인간*sabbe manussā*이 적의에서 벗어나고 고통에서 벗어나고 번민에서 벗어나지이다. 그들이 행복하게 살기를!

7. 모든 악처 중생*sabbe vinipātikā*이 적의에서 벗어나고 고통에서 벗어나고 번민에서 벗어나지이다. 그들이 행복하게 살기를!

(방향별 방사)

열 가지 방향별 방사는 시방十方의 모든 중생들에게 자비의 염을 보낸다는 뜻이다. 이 방법은 원래 유정*sattā*의 부류에 적용하는 방법이며, 유정의 부류는 앞에서 본 포괄적 방사의 첫 번째 대상이다. 그러나 이 방법을 더욱 발전시키면 포괄적 방사나 한정적 방사에도 적용시킬 수 있다.

[I] 1. 동방의 모든 유정이 적의에서 벗어나고 고통에서 벗어나고 번민에서 벗어나지이다. 그들이 행복하게 살기를!

2. 서방의 모든 유정이 적의에서 벗어나고 고통에서 벗어나고 번민에서 벗어나지이다. 그들이 행복하게 살기를!

3. 북방의 모든 유정이 적의에서 벗어나고 고통에서 벗어나고 번민에서 벗어나지이다. 그들이 행복하게 살기를!

4. 남방의 모든 유정이 적의에서 벗어나고 고통에서 벗어나고 번민에서 벗어나지이다. 그들이 행복하게 살기를!

5. 동북방의 모든 유정이 적의에서 벗어나고 고통에서 벗어나고 번민에서 벗어나지이다. 그들이 행복하게 살기를!

6. 서남방의 모든 유정이 적의에서 벗어나고 고통에

서 벗어나고 번민에서 벗어나지이다. 그들이 행복
하게 살기를!

7. 서북방의 모든 유정이 적의에서 벗어나고 고통에
서 벗어나고 번민에서 벗어나지이다. 그들이 행복
하게 살기를!

8. 동남방의 모든 유정이 적의에서 벗어나고 고통에
서 벗어나고 번민에서 벗어나지이다. 그들이 행복
하게 살기를!

9. 하방下方의 모든 유정이 적의에서 벗어나고 고통에
서 벗어나고 번민에서 벗어나지이다. 그들이 행복
하게 살기를!

10. 상방上方의 모든 유정이 적의에서 벗어나고 고통
에서 벗어나고 번민에서 벗어나지이다. 그들이 행
복하게 살기를!

Ⅱ 1~10. 동방의 … 상방의 숨 쉬는 모든 존재가 적의에
서 벗어나고 고통에서 벗어나고 번민에 벗어나
지이다. 그들이 행복하게 살기를!

III 1~10. 동방의 … 상방의 모든 생물이 적의에서 벗어나고 고통에서 벗어나고 번민에서 벗어나지이다. 그들이 행복하게 살기를!

IV 1~10. 동방의 … 상방의 모든 개별적 존재들이 적의에서 벗어나고 고통에서 벗어나고 번민에서 벗어나지이다. 그들이 행복하게 살기를!

V 1~10. 동방의 … 상방의 몸체로 구현된 모든 존재가 적의에서 벗어나고 고통에서 벗어나고 번민에서 벗어나지이다. 그들이 행복하게 살기를!

VI 1~10. 동방의 … 상방의 모든 여성이 적의에서 벗어나고 고통에서 벗어나고 번민에서 벗어나지이다. 그들이 행복하게 살기를!

VII 1~10. 동방의 … 상방의 모든 남성이 적의에서 벗어나고 고통에서 벗어나고 번민에서 벗어나지이다. 그들이 행복하게 살기를!

VIII 1~10. 동방의 … 상방의 모든 성자가 적의에서 벗어나고 고통에서 벗어나고 번민에서 벗어나지이다. 그들이 행복하게 살기를!

IX 1~10. 동방의 … 상방의 모든 범부가 적의에서 벗어나고 고통에서 벗어나고 번민에서 벗어나지이다. 그들이 행복하게 살기를!

X 1~10. 동방의 … 상방의 모든 천신이 적의에서 벗어나고 고통에서 벗어나고 번민에서 벗어나지이다. 그들이 행복하게 살기를!

XI 1~10. 동방의 … 상방의 모든 인간이 적의에서 벗어나고 고통에서 벗어나고 번민에서 벗어나지이다. 그들이 행복하게 살기를!

XII 1~10. 동방의 … 상방의 모든 악처 중생이 적의에서 벗어나고 고통에서 벗어나고 번민에서 벗어나지이다. 그들이 행복하게 살기를!

해설

자비를 모든 존재에 미치게 하는 방법 중에서 포괄적 방사의 다섯 범주의 대상은 각기 삼세간계三世間界에 속하는 모든 생명이 있거나 감각이 있거나 또는 유기체적 존재의 전 차원을 말한다. 삼세간계란 욕망이 가장 중요한 동기를 이루는 감각적 존재의 영역인 욕계欲界 *kāmaloka*와 미묘한 형체를 지니고 광채를 발하고 있는 범천梵天들의 세계인 색계色界 *rūpaloka* 그리고 순수한 정신적 삶을 누리며 몸을 갖지 않은 존재의 세계인 무색계無色界 *arūpaloka*를 말한다. 그 대상을 '중생'이라 하든, '숨 쉬는 존재'라 하든, '생물'이라 하든, '개별적인 존재'라 하든, '몸체로 구현된 존재'라 하든지 간에 그 모두가 살아있는 존재 전부를 지칭하는 말이며, 각 용어간의 차이점이라면 생명의 전체를 어떤 특정 측면에서 포괄적으로 표현하고 있느냐 하는 차이뿐이다.

따라서 각 범주를 떠올릴 때 수행자는 반드시 그 명칭이 가리키는 특정 측면을 유념하고 있어야 한다. 첫 번째 방법과 두 번째 방법을 연습한 다음 계속 엄격한 '정신 훈련'의 자세로 마음을 훈련시켜나가면, 이 다섯 가지 불특정한 포괄적 용어가 갖는 의미가 명확하게 잡힐 것이다.

첫 번째 방법과 두 번째 방법이 완전히 무르익었을 때쯤 의식 수준은 이미 충분히 계발되고 일체를 포용할 수 있는 상태가 되어 있을 것이다. 의식이 이미 그러하고 또 이들 포괄적 개념의 뜻도 모두 파악하게 되면 우주 차원의 보편화마저 별로 힘들지 않게 된다. 여기서는 특히 더 이상 개별적 대상을 떠올리지 않고 총체적이며 일체를 포용하는 개념을 떠올려야 한다. 이 경우의 방사는 모든 존재, 모든 생물과 같이 개념화된 정신적 대상을 향해 사랑을 무궁무진하게 '흘려보내는 행위'가 된다.

다음 한정적 방사의 일곱 가지 범주는 각각 생명의 전 영역 중 어떤 부분을 가리키며, 각 범주는 다른 범주와 결합해야 전체가 된다. 여기에서 여성 잇티*itthī*는 일반적으로 여성적 요소를 의미하며 천신·인간·축생·아수라·아귀·지옥의 모든 여성을 묶어 말한다. 남성 뿌리사*purisā*는 모든 존재계에서 볼 수 있는 남성적 요소를 뜻하며 이들 여성과 남성을 합치면 전체가 된다. 또 다른 각도에서 보면, 정신적 승화를 이루어 눈을 뜬 존재인 성자들과 윤회의 바퀴에 묶여 있는 비성자 또는 세속의 중생이 합하여 전체를 이룬다. 성자들은 초월의 길에 들어선 존재며, 인간계와 천상계에서 볼 수 있고 따라서 그들은 유정물의 피라미드에서 머리 부분을 차지한다. 세속의 중생은 모든 존재계에 걸쳐 있으며, 이를테면 피라미드의 바닥에서부터 정점 바로 아래까지의 몸체를 이룬다고 할 수 있다. 마찬가지로 우주적 위계질서에서 보면 천신*devā*과 인간*manussā* 그리고 악처惡處에 떨어진 자*vinipātikā*들의 세 범주가 모여 전체를 이루고 있다. 이 우주를 수미산에 비유할 때 그 상층부는 천신들이, 중간층은 인간이 그리고 하층부는 악처에 떨어진 중생이 점하고 있는 셈이다.

방향별 방사를 통한 '정신적 훈련', 다시 말해 사방으로 열두 범주의 존재에게 자비심을 방사하는 이 공부를 해보면 자비의 보편화 공부가 얼마나 가슴 뿌듯한 경험이 되는지 실감할 수 있을 것이다. 마음속으로 자신을 어느 한 방향으로 향하게 한 다음 사랑을 강물처럼 흘려보내어 마침내 삼계를 감싸고 있을 때, 그는 문자 그대로 자신의 마음을 가장 거룩한 높이인 삼매 즉 '마음의 집중적 전념專 念'에까지 실어 나르고 있는 것이다.

　우리가 이와 같이 전면적 기원을 타인에게 발하여 그 들이 적의와 고통 그리고 번민에서 벗어나 행복하게 살기 를 기원하고 있을 때, 우리 자신만 진정한 행복으로 가득 한 경지로 승화되는 데 그치지 않고 실제로 남들에게도 강력한 염의 진동을 보내어 그들의 행복에 기여하고 적대 감을 가라앉히며 고통과 번민을 덜어주고 있는 것이다. 그 러므로 우주적 차원의 보편적 사랑은 한편으로는 안녕과 행복을 불어넣으면서, 동시에 다른 한편으로는 적의와 증 오 그리고 분노와 같은 정신적 오염물 때문에 생긴 정신 적·육체적 고苦를 제거한다는 사실을 분명히 알 수 있다.

7. 자비가 주는 복

비구들이여, 마음을 해탈로 이끄는 보편적 사랑을 열심히 닦고 발전시키고 꾸준하게 되챙기고 그것을 탈 것으로 삼으며 삶의 기반으로 삼으며 완전히 정착시키고, 잘 다지고 완성시키면 다음과 같은 열한 가지의 복을 기대할 수 있다. 열한 가지란 무엇인가?

편안히 잠자고 즐겁게 깨어나며 악몽을 꾸지 않는다. 사람들의 아낌을 받고 사람 아닌 존재의 아낌을 받는다. 천신들이 보호해 주며 불이나 독극물, 무기의 해를 입지 않는다. 그의 마음은 쉽게 정定을 이룰 수 있으며 얼굴 모습은 평온하고 임종 시에도 마음이 흐트러지지 않는다. 그리고 설혹 더 높은 경지를 못 얻더라도 최소한 범천의 세계에는 이를 것이다.

비구들이여, 마음을 해탈로 이끄는 보편적 사랑을 열심히 닦고 발전시키고 꾸준히 되챙기고 탈 것으로 삼으며 삶의 기반으로 삼으며 완전히 정착시키고 잘 다지고 완성시키면 이 열한 가지의 축복을 기대할 수 있다.

《증지부》 V권 342쪽, 11법집 16경

이 경의 내용을 풀어보면, '마음을 해탈로 이끄는 보편적 사랑[慈心解脫 *mettā-cetovimutti*]'은 자비관에 입각한 삼매의 성취를 의미한다. 자비는 마음을 증오와 분노·자기 본위·탐욕 그리고 미망의 속박으로부터 해방시켜 주기 때문에 마음이 해방된 상태가 된다. 아무리 짧은 동안이라도 자비관을 닦으면 그때마다 어느 정도 마음의 자유를 누릴 수 있다. 그러나 무한한 마음의 자유를 얻으려면 자비관이 충분히 발전하여 삼매경에 이르게 되어야 한다.

'닦고 발전시키고' 등등의 용어만 보아도 알 수 있듯이 자비를 다양하게 펴 나가기란 결코 쉬운 일은 아니며, 많은 단련을 통해서 굳건히 다져진 힘이라야 비로소 해낼 수 있다. 그렇게 다져 나아가려면 정해놓은 명상 시간뿐 아니라 자신의 모든 행동과 말과 생각을 자비행慈悲行으로 전환시키는 노력이 필요한 것이다.

여기에서 '닦는다'는 말은 자비 수행을 하되 단순히 지적 연습으로서가 아니라 진정에서 우러나는 마음으로 자비에 자신을 맡겨, 이를 자신의 태도와 견해, 행위를 결정짓는 삶의 지도 이념으로 여기고 열심히 닦는 것을 의미한다.

'발전시키다'는 자비관을 닦으면 갖가지 내면적 수양과 정신적 통합의 과정을 거치게 됨을 의미한다. 다시 말해 명상을 하면 갖가지 정신적 능력이 통합되고 마음도 통일되므로, 명상은 바로 마음의 발전이라 본다. 부처님께서는 자비관을 닦으면 일체의 정신계가 다 계발되어 결국 마음의 해탈과 인격의 향상을 가져오게 된다고 가르치셨다.

'꾸준히 되챙기다'라고 함은 깨어있는 동안은 내내 말과 행동과 생각을 통해 자비를 반복하여 닦아야 할 뿐만 아니라 자신의 자비를 주시[慈正知]하기를 한결같이 해야 한다는 점을 강조하는 말이다. 반복적 행동은 힘을 발생시킨다. 다섯 가지의 정신적 힘[五力]이라 불리는 믿음·정진·마음챙김·집중·지혜가 모두 이 자비관의 반복 수행을 통해 훈련 계발된다.

'탈 것으로 삼는다'라고 함은 자비의 이상을, 인간관계를 풀어나가는 유일하고 정당한 방법이자 정신적 성숙을 이루는 수단으로 인식하고, 일신을 맡겨 수레를 타듯이 전적으로 자비에 의탁하는 것을 의미한다. 자비가 유일한 '교통수단', 유일한 '탈 것'이 될 때 인생은 저절로 〈자비경〉에서 말한 대로 '거룩한 주처住處'가 될 것이다.

'삶의 기반으로 삼는다'라고 함은 자비를 모든 면에서 자기의 존재 기반으로 삼는다는 말이다. 그때에 자비는 최고의 휴식처·안식처·생의 귀의처가 되어, 법으로 귀의 [歸依法]함이 실제로 이루어지게 된다.

'완전히 정착시킨다'라고 함은 자비에 굳게 뿌리박은 삶, 자비에 닻을 내리어 어떤 상황에서도 요지부동한 삶을 뜻한다. 힘들이지 않아도 자비 수행이 이루어질 수 있게 되면 자비의 원칙을 실수로라도 범하는 일마저 없게 될 것이다.

'잘 다진다'는 말은 자비가 습성화되어서 명상할 때는 물론, 굳이 애쓰지 않아도 일상행동이 저절로 자비심에 잠겨있을 수 있게 됨을 뜻한다.

'완성시킨다'라고 함은 총력을 기울여 고수固守하고 계발해서 이루어낸 완성 상태를 말한다. 경에서 자비의 열한 가지 복을 들어 상세히 설명한 대로 완벽한 안녕과 정신적 지복을 누릴 수 있는 상태, 충분히 통합된 상태의 성취를 가리키고 있는 것이다.

진실로 자비의 공덕은 크고도 넓다. 부처님을 따르는 사람에게는 자비야말로 언제 어디서나 이롭게 쓸 수 있는 여의주와 다름없다.

8. 자비의 힘

자비를 행하면 스스로 얻는바 이로움이 많음은 더 말할 여지도 없다. 안녕·건강·마음의 평화·밝은 모습 그리고 모든 사람으로부터 받는 사랑과 선의 등이야말로 자비관을 닦아서 얻게 되는 크나큰 인생의 행복이다. 그러나 더욱 경이로운 점은 자비가 주위 환경과 다른 존재에 미치는 효과다. 이 자비의 영향을 받는 존재는 사람뿐만 아니라 동물과 천신까지도 포함되며 이를 입증하는 기억해 둘 만한 이야기들이 빠알리 경과 주석서에 실려 있다.

한번은 부처님께서 비구들과 탁발에서 돌아오시는 중이었다. 그들이 감옥 옆을 지나치려 하자 부처님의 사촌인 야심 많고 마음씨 고약한 데와닷따에게 매수당한 사형집행인이 범죄자들을 처형할 때 쓰는 사나운 코끼리 날라기리를 풀어놓았다. 흥분한 코끼리가 흉포한 소리를 내지르며 돌진해오자 부처님은 코끼리를 향해 강력한 자비의 염을 방사하셨다. 부처님의 시자인 아아난다 존자가 부처님의 안전을 걱정한 나머지 자신의 몸으로 부처님을 보호해보려고 앞으로 뛰어나갔다. 그러나 부처님은 자비의 방사만으로 충분하니 옆으로 비켜서라고 분부하셨다. 부처님의 자비 방사의 효과가 어찌나 빠르고 세었던지 코끼리가 부처님 근처에 다가왔을 때는 마치 술주정뱅이가 주문의 마력에 의해 갑자기 술기운에서 깨어나듯 완전히 온순해져 있었다. 코끼리는 마치 서커스에서 하듯이 엎드려서 부처님께 절을 했다고 한다.

《청정도론》에는 빠딸리뿌뜨라(현재의 빠뜨나)에 살았던 위사카라는 부유한 장자의 일화가 있다. 그는 스리랑카 섬이 수많은 사원과 탑묘로 덮여 있어 진실로 불법의 낙도라고 들었다. 축복받은 그 땅은 기후가 온화하고, 사람들은 열과 성을 다하여 부처님의 가르침을 따라서 매우 정의롭다는 얘기였다. 위사카는 스리랑카로 가서 그곳에서 수도승으로 여생을 보내기로 결심했다. 막대한 재산을

처자들에게 다 넘겨준 다음, 금화 한 닢만을 지닌 채 그는 집을 떠났다. 항구도시 땀라리삐(현재의 땀루끄)에서 배를 기다리며 달포를 묵는 동안 그는 사업수완을 발휘하여 금화 천 냥을 벌었다.

마침내 그는 스리랑카에 도착하여 수도 아누라다뿌라로 갔다. 거기서 유명한 대사大寺 *mahāvihāra*로 찾아가 주지 스님에게 승단에 들고 싶다고 허락을 구했다. 수계식에 참석하러 법당으로 안내 받아 가던 중 그의 허리춤에서 금화 천 냥이 든 지갑이 떨어졌다. "그것이 무엇입니까?"라는 물음에 그는 "예, 저는 금화 천 냥을 가지고 있습니다."라고 대답했다.

승려는 돈을 한 푼도 지녀선 안 된다는 말을 듣자 그는 "저 역시 한 푼도 갖고 싶지 않습니다. 수계식에 오시는 분들에게 나누어 드릴 작정이었습니다." 그러고는 지갑 속의 돈을 온 마당에 뿌리면서 "위사카의 수계식에 참석한 사람들은 아무도 빈손으로 돌아가는 일이 없기를 바랍니다."라고 말했다.

스승 밑에서 오 년을 보낸 후 그는 신통력을 가진 도승들이 많이 사는 유명한 찌딸라빠밧따 숲으로 가기로 했다. 그래서 그는 찌딸라빠밧따 숲의 사원으로 향했다. 도중에 갈림길을 만나게 되자 어느 길로 가야 할까 망설이고 있었다. 자비관을 열성껏 닦고 있던 중이었으므로 그는 바위에 사는 한 신령이 손을 내밀어 자기에게 길을 가리켜주는 모양을 볼 수 있었다. 그리하여 그는 찌딸라빠밧따 숲의 사원에 이르러 한적한 초막에 자리 잡을 수 있었다.

넉 달 동안 그곳에서 머물다가 어느 날 아침에 떠나려 생각하고 있는데 누군가 흐느껴 우는 소리가 들려왔다.

"거기 누구시오?"

포행 길 끝에 있는 마닐라 나무에 사는 목신이 대답했다.

"존자님, 저는 마닐리야입니다('마닐라 나무에 속하는 존재'라는 뜻)."

"왜 울고 있소?"

"존자님께서 이곳을 떠날 생각을 하고 계시기 때문입니다."

"내가 여기 사는 것이 당신네들에게 무슨 도움이 되오?"

"존자님, 존자님께서 여기 계시는 한, 목신들이나 그 밖의 다른 유정물들이 서로를 친절하게 대합니다. 그러나 존자님이 떠나시고 나면 그들은 다시 말다툼을 벌이고 싸우기 시작할 것입니다."

"내가 여기 살아서 당신들 모두가 평화롭게 지낸다니, 그렇다면 좋습니다."

그래서 다시 그곳에서 넉 달을 더 묵었다. 다시 그가 떠나려 하자 그 목신은 또 눈물을 흘렸다 한다. 그러다 보니 이 장로는 그곳에 영주하게 되었고 드디어 그곳에서 깨달음을 성취하여 열반을 증득하게 되었다고 한다.

자비관 수행이 남들에게 미치는 영향이 이와 같으며, 육안으로는 볼 수 없는 존재에조차 그처럼 큰 영향을 미치는 것이다.

또 암소에 관한 유명한 이야기도 있다. 어느 숲에서 암소가 송아지에게 젖을 먹이고 있었다. 그때 마침 어떤 사냥꾼이 그 암소를 잡으려고 창을 던졌는데 그 창은 암소의 몸에 닿자마자 종려나무 잎처럼 가볍게 튕겨 나왔다고 한다. 이처럼 자비의 힘은 강력한 것이다. 더구나 이는 자비 삼매를 닦아 이룬 사람이 아니라 암소에 관한 이야기이다. 자식에 대한 사랑이라는 단순한 식識의 예에 불과하다.

진실로 자비의 힘은 이루 다 말할 길이 없다. 빠알리 경전에 대한 주석서는 승려들뿐 아니라 일반인들도 오로지 비이기적 사랑인 자비의 힘만으로 무기나 독극물을 위시한 갖가지 위험을 극복해낸 이야기는 얼마든지 있다.

자비를 단순한 정감으로 잘못 알아서는 안 된다. 자비는 강력한 힘이다. 만일 사회 어느 분야의 지도자이든 자비를 시험 삼아 행해보면, 그 분야가 무엇이든 자비보다 더 효과가 크고 좋은 결과를 가져오는 원칙이나 지침이 없다는 사실은 알 수 있을 것이다.

매사가 사람하기 나름이다. 사람들이 공격적이거나 악의적인 행위 방식을 자비로 바꾼다면 세계는 진정한 평화의 안식처로 바뀔 것이다. 사람들이 마음속에 평화를 품고 남에게 무한한 선의를 가질 때만 이 세상에 평화가 실현되고 지속될 것이기 때문이다.

부록

Karaṇīyā Mettā Sutta

1. *Karaṇīyam atthakusalena*
   Yaṁ taṁ santaṁ padam abhisamecca
   Sakko ujū ca sūjū ca
   Suvaco c'assa mudu anatimānī

2. *Santussako ca subharo ca*
   Appakicco ca sallahukavutti
   Santindriyo ca nipako ca
   Appagabbho kulesu ananugiddho

3. *Na ca khuddaṁ samācare kiñci*
   Yena viññū pare upavadeyyuṁ
   Sukhino vā khemino hontu
   Sabbe sattā bhavantu sukhitattā

4. *Ye keci pāṇabhūt'atthi*
   Tasā vā thāvarā vā anavasesā
   Dīghā vā ye mahantā vā
   Majjhimā rassakā aṇukathūlā

Hymn of Universal Love

1. Who seeks to promote his welfare,
   Having glimpsed the state of perfect peace,
   Should be able, honest and upright,
   Gentle in speech, meek and not proud.

2. Contented, he ought to be easy to support
   Not over-busy, and simple in living.
   Tranquil his senses, let him be prudent,
   And not brazen, nor fawning on families.

3. Also, he must refrain from any action
   That gives the wise reason to reprove him.
   (Then let him cultivate the thought:)
   May all be well and secure,
   May all beings be happy!

4. Whatever living creatures there be,
   Without exception, weak or strong
   Long, huge or middle-sized,
   Or short, minute or bulky,

5. *Diṭṭhā vā ye vā adiṭṭhā*
   Ye ca dūre vasanti avidūre
   Bhūtā vā sambhavesī vā
   Sabbe sattā bhavantu sukhitattā

6. *Na paro paraṁ nikubbetha*
   N'ātimaññetha katthacinaṁ kañci
   Byārosanā paṭighasaññā
   N'aññamaññassa dukkhaṁ iccheyya

7. *Mātā yathā niyaṁ puttaṁ*
   Āyusā ekaputtam anurakkhe
   Evampi sabbabhūtesu
   Mānasaṁ bhāvaye aparimāṇaṁ

8. *Mettañ ca sabba-lokasmiṁ*
   Mānasam bhāvaye aparimāṇaṁ
   Uddhaṁ adho ca tiriyañca
   Asambādhaṁ averaṁ asapattaṁ

5. Whether visible or invisible,
   And those living far or near,
   The born and those seeking birth,
   May all beings be happy!

6. Let none deceive or decry
   His fellow anywhere;
   Let none wish others harm
   In resentment or in hate.

7. Just as with her own life
   A mother shields from hurt
   Her own son, her only child,
   Let all-embracing thoughts
   For all beings be yours.

8. Cultivate an all-embracing mind of love
   For all throughout the universe,
   In all its height, depth and breath-
   Love that is untroubled
   And beyond hatred or enmity.

9. Tiṭṭhañ caraṁ nisinno vā
   Sayāno vā yāvat'assa vigatamiddho
   Etaṁ satiṁ adhiṭṭheyya
   Brahmam etaṁ vihāraṁ idhamāhu

10. Diṭṭhiñ ca anupagamma
    Sīlavā dassanena sampanno
    Kāmesu vineyya gedhaṁ
    Na hi jātu gabbhaseyyaṁ punar etī ti

9. As you stand, walk, sit or lie,
   So long as you are awake,
   Pursue this awareness with your might:
   It is deemed the Divine State here

10. Holding no more to wrong beliefs,
    With virtue and vision of the ultimate,
    And having overcome all sensual desire,
    Never in a womb is one born again.

The Loving Kindness Discourse
(냐나몰리 스님의 영어 번역)

What should be done by one skillful in good,
So as to gain the State of Peace is this:
Let him be able, and upright, and straight,
Easy to speak to, gentle and not proud,

Contented too supported easily,
With few tasks, and living very lightly,
His faculties, serene, prudent and modest
Unswayed by the emotions of the clans.

And let him never do the slightest thing
That other wise men might hold blamable.
(And let him think) In safety and in bliss
May creatures all be of a blissful heart.

Whatever breathing beings there may be,
No matter whether they are frail or firm,
With none excepted, be they long or big
Or middle-sized or be they short or small

Or thick, as well as those seen or unseen,
Or whether they are dwelling far or near,
Existing or yet seeking to exist,
May creatures all be of a blissful heart.

Let no one work another one's undoing
Or even slight him at all anywhere;
And never let them wish each other ill
Through provocation or resentful thought.

And just as might a mother with her life
Protect the son that was her only child,
So let him then for every living thing
Maintain unbounded consciousness in being,

And let him too with love for all the world
Maintain unbounded consciousness in being
Above, below, and all round in between,
Untroubled, with no enemy or foe,

And while he stands or walks or while he sits,
Or while he lies down, free from drowsiness,
Let him resolve upon this mindfulness:
This is Divine Abiding here, they say.

But when he has no trafficking with views
Is virtuous and has perfected seeing,
And purges greed for sensual desires,
He surely comes no more to any womb.

붓다락키따 스님(1922~2013)

1956년 미얀마 양곤에서 열려 빠알리 경의 완전 결집을 이룩해낸 제6차 불교도 회의 결집진 가운데 한 분이다. 인도 태생으로, 인도와 해외에서 수많은 불교 활동을 펼쳤고 다양한 저술활동과 역경에도 힘썼다.

스님은 미국에 불교수행명상협회Buddhayoga Meditation Society를 세워 수행을 지도하며 명상의 대가大家로 국제적 명성을 얻었으며 또한 월간지 《담마Dhamma》를 편집, 발행하는 등 활동 범위는 매우 넓었다.

특히 인도의 불교 부흥을 위해 애썼던 그는 인도 방가로르의 마하보디협회 창설자 겸 회장이었으며, 그 외에도 다방면에 걸친 인도주의적 활동으로 큰 명망을 쌓았다. 그의 많은 저작 중 대표적 저작은 《법구경》의 영역본(BPS 간행)이 있다.

《숫따니빠아따Suttanipāta》의 번역이 불교 역경사업 가운데에서 난제 중의 난제라는 말이 정말인 모양이다. 최고의 권위에 도전한 분들의 시각이 전혀 다르니 말이다.

이 〈자비경〉의 번역도 그렇다. 보리수잎·여섯《불교의 명상》말미에 소개했던 번역은 영국 출신 냐나몰리 스님의 영어 번역을 저자가 수록한 것이다. 축어적 번역은 아니었지만 어쨌든 그 번역에 근거하여 옮긴 번역물이었다. 독자들로서는 이 책에 실린 번역이 그와 매우 다르다는 사실을 느낄 것이다. 단순한 표현상의 차이만이 아니라 해석상의 기본적 차이를 몇 군데에서 볼 수 있다. 좀 더 정확한 해석 여부의 판별이 과연 언어적 영역에 속하는 문제인지, 불법佛法에 대한 안목의 문제인지, 아니면 두 가지 전부 문제인지는 함부로 억단할 수 없다. 그래서 빠알리 원문과 저자의 영어 번역 그리고 냐나몰리 스님의 영어 번역을 나란히 실어 관심 있는 분들의 참고에 보탬이 되도록 했다.

'멧따'를 '자비'라는 말로 옮긴 연유를 잠깐 언급해야겠다. 사무량심四無量心에서 '멧따'는 '자慈'를 의미할 뿐 '자비'로 옮길 만한 용어는 아니다. 거기서 '자비'는 어디까지나 '자慈'와 '비悲 karuṇā'의 합성어이며, 실제로 '멧따 까루나mettā-karuṇā'라는 용례도 있다.

　그러나 이번 '멧따 수따mettā sutta'의 경우처럼 별도로 '비悲'에 대한 언급이 없는 채 '멧따'만을 쓰고 있을 때, 이를 굳이 '자慈'의 뜻에 한정시킬 필요가 있을지는 의문이다. 우리말에서 '자비'라는 단어가 갖는 함축이, '자' 또는 '자애慈愛', '사랑'이라는 단어보다 이 경우 원어와 더 잘 부합된다고 보아 '자비'로 옮기기로 하였다. 즉 여기서 '멧따'는 '비悲'의 뜻은 물론, '희喜'와 '사捨'의 뜻까지도 함축하고 있는 포괄적인 개념으로 이해한 것이다.

—— 〈고요한소리〉는

◦ 붓다의 불교, 붓다 당신의 불교를 발굴, 궁구, 실천, 선양하는 것을 목적
  으로 설립되었습니다.

◦ 〈고요한소리〉 회주 활성스님의 법문을 '소리' 문고로 엮어 발행하고 있
  습니다.

◦ 1987년 창립 이래 스리랑카의 불자출판협회BPS에서 간행한 훌륭한 불
  서 및 논문들을 국내에 번역 소개하고 있습니다.

◦ 이 작은 책자는 근본불교를 중심으로 불교철학·심리학·수행법 등 실생
  활과 연관된 다양한 분야의 문제를 다루는 연간물連刊物입니다. 이 책들
  은 실천불교의 진수로서, 불법을 가깝게 하려는 분이나 좀 더 깊이 수행
  해보고자 하는 분에게 많은 도움이 될 것입니다.

◦ 이 책의 출판 비용은 뜻을 같이하는 회원들이 보내주시는 회비로 충당
  되며, 판매 비용은 전액 빠알리 경전의 역경과 그 준비 사업을 위한 기금
  으로 적립됩니다. 출판 비용과 기금 조성에 도움 주신 회원님들께 감사드
  리며 〈고요한소리〉 모임에 새로이 동참하실 회원을 기다리고 있습니다.

◦ 〈고요한소리〉 책은 고요한소리 유튜브(https://www.youtube.com/c/
  고요한소리)와 리디북스RIDIBOOKS를 통해 들으실 수 있습니다.

◦ 카카오톡 채널(https://pf.kakao.com/_XIvCK)을 친구 등록 하시면 고
  요한편지 등 〈고요한소리〉의 다양한 소식을 받으실 수 있습니다.

◦ 〈고요한소리〉 홈페이지 안내
  - 한글 : http://www.calmvoice.org/
  - 영문 : http://www.calmvoice.org/eng/

- 〈고요한소리〉 회원으로 가입하시려면 이름, 전화번호, 우편물 받을 주소, e-mail 주소를 〈고요한소리〉 서울 사무실에 알려주십시오.
  (전화: 02-739-6328, 02-725-3408)

- 회원에게는 〈고요한소리〉에서 출간하는 도서를 보내드리고, 법회나 모임·행사 등 활동 소식을 전해드립니다.

- 회비, 후원금, 책값 등을 보내실 계좌는 아래와 같습니다.

국민은행	006-01-0689-346
우리은행	004-007718-01-001
농협	032-01-175056
우체국	010579-01-002831
예금주	**(사)고요한소리**

━━━ 마음을 맑게 하는 〈고요한소리〉 도서

금구의 말씀 시리즈

소리 시리즈

법륜 시리즈

보리수잎 시리즈

붓다의 고귀한 길 따라 시리즈

단행본

This translation was possible
by the courtesy of the Buddhist Publication Society
54, Sangharaja Mawatha P.O. BOX61
Kandy, SriLanka

법륜·여덟

자비관

초판 1쇄 발행 1988년 4월 10일
2판 8쇄 발행 2024년 11월 20일

지은이   아아짜리야 붓다락키따
옮긴이   강대자행
펴낸이   하주락·변영섭
펴낸곳   (사)고요한소리

등록번호   제1-879호 1989. 2. 18.
주소   서울시 종로구 인사동길 47-5 (우 03145)
연락처   전화 02-739-6328 팩스 02-723-9804
          부산지부 051-513-6650   대구지부 053-755-6035
          대전지부 042-488-1689   광주지부 02-725-3408
홈페이지   www.calmvoice.org
이메일   calmvs@hanmail.net
ISBN   978-89-85186-31-5

          값 1,000원